L'ÉCOLE DE LA RUE
(SOCIÉTÉ D'ÉDUCATION SOCIALE)

CONFÉRENCES-GUIDE

DANS

PARIS

L'ŒUVRE DE RUBENS AU LOUVRE

PAR

M. MAX CHOUBLIER

1901

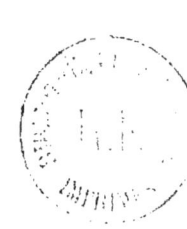MAX CHOUBLIER

L'ŒUVRE DE RUBENS AU LOUVRE

ÉCOLE DE LA RUE

L'École de la Rue a décidé de publier ses conférences aux Musées, Monuments et lieux intéressants de Paris et des environs afin de constituer par leur ensemble un guide artistique de Paris.

Les bénéfices résultant de la vente des conférences et les souscriptions recueillies sont affectés à réduire les charges de l'œuvre entreprise par l'Ecole de la Rue.

Pour la Société d'Éducation Sociale
et pour l'Ecole de la Rue :

Léon Bourgeois, Eugène Carrière,
Max Choublier, Jean Delvolvé, Gustave Geffroy.

L'ÉCOLE DE LA RUE
(SOCIÉTÉ D'ÉDUCATION SOCIALE)

CONFÉRENCES-GUIDE

DANS

PARIS

I

MAX CHOUBLIER

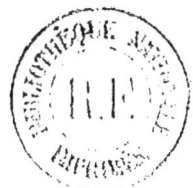

L'ŒUVRE DE RUBENS
AU LOUVRE

CONFÉRENCE-VISITE AU LOUVRE

Faite à l'occasion de l'ouverture de la grande Salle des Rubens

SOUS LA PRÉSIDENCE

DE M. KAEMPFEN
Directeur des Musées Nationaux.

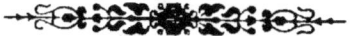

SECRÉTARIAT : Paris, 73, Rue Truffaut.
Arthur ROUSSEAU, Éditeur, 14, Rue Soufflot.

L'ŒUVRE DE RUBENS

AU LOUVRE

CONFÉRENCE-VISITE AU LOUVRE

Faite à l'occasion de l'ouverture de la grande Salle des Rubens

---

Dans ce Musée du Louvre, si riche en chefs-d'œuvre, l'Ecole de peinture flamande compte parmi les mieux représentées. L'abondance et le choix des tableaux permettent de suivre ici sans interruption ses développements successifs, de sa naissance à son plein épanouissement, et d'étudier tous ses grands peintres, au moins dans leurs qualités essentielles.

Une si admirable collection a cependant paru longtemps incomplète. Rubens y manquait, semblait-il, et c'est seulement depuis l'ouverture de la Salle où vient d'être aménagée la suite des tableaux qui lui furent commandés par Marie de Médicis, que des toiles souvent décriées à ce point qu'on se refusait à y voir la main du maître, apparaissent comme une suite d'incontestables chefs-d'œuvre.

Les grandes scènes allégoriques de Rubens, dans la galerie trop étroite qu'elles emplissaient naguère, semblaient démesurées. Elles étaient imparfaitement éclairées, serrées bord à bord, et se fondaient en une suite uniforme sous l'œil du spectateur qu'elles écrasaient de leur masse, sans qu'il pût même se reculer pour les mieux voir.

Aujourd'hui, des pages essentiellement décoratives et faites pour un certain cadre sont rendues à ce cadre sans lequel elles n'existent point; auprès d'elles on a groupé les autres peintures du maître, un peu partout disséminées, et l'ensemble ainsi obtenu révèle de telles richesses, qu'on peut s'intéresser au Louvre même après avoir visité Bruxelles, Munich et Anvers.

Rubens ne se laisse pas facilement connaître ; dans chacun des Musées d'Europe qu'il a peuplés de sa fécondité, il se présente sous un nouvel aspect, et un morceau de lui, encore ignoré, réserve presque toujours une surprise nouvelle.

Cependant notre Louvre réunit assez d'œuvres du maître pour qu'il soit possible, pourvu seulement qu'on l'ait un peu déjà admiré par ailleurs, de retrouver ici toutes les qualités essentielles de son génie.

Au cas où vous n'auriez pas de souvenirs pour vous aider dans la recherche de ses traits les plus caractéristiques que nous allons tenter ensemble, j'espère suppléer aux évocations de votre mémoire, et par la mienne et par les photographies que sans cesse je vous présenterai.

GRANDE GALERIE. — PEINTURE ITALIENNE

Après avoir étudié sous ses compatriotes, Venius et Van Noort, Rubens partit pour l'Italie et y passa huit ans en séjours à Mantoue, Florence et Venise.

Rubens arrivait de Flandre ; là, il avait appris à s'attacher à la vie réelle, à en reproduire avec une exactitude méticuleuse les scènes journalières, à ne voir d'autres visages au monde que de bourgeois et d'hommes du peuple, à les peindre sur la place publique, au marché ou derrière leur comptoir, et à en faire encore les portraits ressemblants dans des scènes tirées de l'Ecriture-Sainte ou de l'Evangile.

Ici, au contraire, quel contraste ! Plus de vie bourgeoise, plus d'actions familières ; le peintre italien ne se soucie pas de ses compagnons de chaque jour, loin de lui les images vulgaires, il n'aspire qu'à un idéal de vie ardente et de beauté !

Regardez ces vieillards (1), ils sont pareils à des rois dans leurs robes patriciennes et vivent naturellement dans l'atmosphère somptueuse tout imprégnée de gloire et de volupté qui les enveloppe ; considérez à leur côté l'Antiope du Titien : elle est belle comme une statue grecque. Voyez ce corps allongé sur les fourrures, le bras arrondi au-dessus de la tête, la ligne

---

(1) Grande Galerie. VÉRONÈSE, *Les Deux Vieillards et la chaste Suzanne*. LE TITIEN, *Antiope*.

souple et grasse qui descend du coude à la hanche, la chair éclatante. C'est la perfection atteinte par la beauté absolue de la forme humaine en harmonie avec cette nature, ciel, plaines et bois, qui n'est là du reste que pour lui servir de cadre.

Les portraits expriment un semblable désir de beauté, un même idéal de domination sur la vie. Ces cardinaux, ces condottieri, dont voici les visages, n'ont rien de l'homme tel que nous le concevons, tel que le connaissaient les Flandres, du membre d'une société régulière. Ce ne sont pas là des citoyens disciplinés, soumis aux lois, obéissant aux règles d'un Etat ; ils ont des têtes violentes d'une superbe puissance animale ; l'expression de leurs traits et leurs gestes indiquent en eux la force qui fait tout plier, et jamais ils n'obéissent qu'à leurs passions.

Un seul exemple : le masque morose de jeune homme roux, en pourpoint de satin, qu'a peint Calcar (1). — Les mains nues sont belles, la main gauche repose mollement sur la hanche ; cependant, soignée et chargée de bagues, elle reste d'une musculature vigoureuse, les doigts ne s'effilent point, ils ont je ne sais quoi d'homicide, il semble qu'ils se refermeraient volontiers sur la poignée d'une arme. Le menton s'avance en muffle, et, sous deux touffes de poils roux, se devine carré ; la bouche proéminente, les lèvres gonflées sont mauvaises, mais les yeux surtout apparaissent terribles. Ils sont voilés d'une tristesse qui se répand sur tout le visage ; on ne se trompe point

---

(1) Grande Galerie. JEAN CALCAR DE VÉRONE, *Portrait de jeune Homme.*

à leur expression, c'est l'âpreté d'une âme si violente qu'elle s'en dévore et crie la douleur de désirs trop intenses pour jamais s'assouvir.

Que nous voici loin de la vie familiale des Flandres! Nous sommes même bien au-delà, dans le domaine de la passion, des exubérances les plus osées de Rubens, cependant il a subi l'influence de l'individualisme italien et, s'il l'a transformé, c'est encore lui et son même idéal de vie sans entraves que nous retrouverons tout à l'heure dans les grandes scènes dramatiques, les manifestations de joie et de douleur de vivre dont il fait ses sujets favoris.

D'Italie, Rubens a rapporté encore autre chose, le sens des grandes compositions, l'ordonnance des belles lignes et des beaux corps (1). Véronèse surtout, et comme dessinateur et comme coloriste, l'a inspiré, il lui doit le principe de ses harmonies et son idéal de beauté décorative; tels morceaux de quelques-unes de ses toiles pourraient porter la signature du maître vénitien.

Grande Galerie — Commencement de la peinture flamande.

L'enseignement de ses premiers maîtres, Venius et Van Noort, avait du reste déjà préparé Rubens à la culture italienne.

Quand il naquit l'art des Van Eyck était mort et c'est à Venise et à Rome que, comme le reste du

---

(1) **Grande Galerie.** Véronèse, *Saint Marc couronnant les Vertus théologales.*

monde, la Flandre allait chercher la beauté. Les premiers résultats de cette fièvre d'imitation furent bizarres. Trop éloignés de tempérament des maîtres italiens, les peintres flamands ne purent que se travestir à leur contact, que copier leurs procédés en écoliers, sans se pénétrer de leur âme.

On vit alors naître une peinture hybride dont ce Jan Matsys (*David et Bethsabée*) est un bon exemple : œuvre sans valeur, mais rendue curieuse par la juxtaposition baroque du tempérament flamand et des procédés italiens. D'intention la toile est italienne ; elle l'est par le sujet, peu religieux quoique tiré de l'Ecriture-Sainte, par la composition où les personnages, trop grands pour le cadre, tiennent la première place. Derrière eux ce sont des villes, des palmiers, des architectures à colonnades, tout un décor du Midi.

Mais si le peintre a pu s'assimiler les aspects extérieurs d'un art étranger, combien ses qualités intimes lui ont échappé ! David et Bethsabée sont gauches, raides et bizarrement contournés. Un Vénitien eût fait Bethsabée nue, la jeune flamande de Jan Matsys n'est que déshabillée. Et quelle sécheresse dans le dessin de ce corps de porcelaine, il est précis mais d'une précision qui vient à contre-sens ; rien n'est souple, rien n'est large, on dirait le travail d'un bon élève s'appliquant à un morceau d'anatomie !

Avec Venius (*L'artiste et sa famille*) les mêmes défauts s'atténuent. Venius est habile, il sait être à volonté et sur commande, ou Othon Van Veen le peintre flamand, ou Otto Venius le peintre italien. La

Belgique possède de lui des toiles d'allure franchement italienne ; celle-ci, exécutée cependant au retour d'un voyage à Venise, reste flamande de sujet, d'intention et d'esprit. Bien flamande aussi est la composition, si on peut appeler de ce nom l'entassement d'un tel nombre de personnages en un si petit espace. Enfin, Venius se montre encore flamand par son souci de la vérité des expressions, de la diversité des physionomies, par l'amour du geste vrai, naturel, pris sur le vif, qui est celui-ci et non pas un autre, qui surtout n'est pas un geste type, à l'avance connu.

Voyez l'enfant assis par terre et qui étend la main sur le cou du chat ; il n'est pas beau comme il le serait devenu sous le pinceau d'un italien, il se contente d'être profondément vivant ; il est né d'une impression directe, spontanée, sincère, aussitôt rendue avec naïveté et avec esprit.

Le peintre qui prend la couleur sur sa palette, le grave personnage de droite en manteau amarante ont de même, dans leurs gestes et leur attitude, ces qualités de simplicité, d'aisance naturelle, qui vont disparaître de l'Ecole d'Anvers jetée par Rubens dans les voies italiennes, mais qui se retrouveront développées chez les peintres hollandais. L'enfant assis a déjà je ne sais quoi d'un Frantz Hals.

Venius cependant pour l'éclairage et la couleur profite des enseignements italiens : sa lumière s'étend, les ombres et les clartés se pénètrent davantage ; il ne casse plus, comme Matsys, ses étoffes en plis raides, alternativement brillants et obscurs. Sa science est plus grande, science d'ailleurs froide et peu intéressante.

Le second maître de Rubens, Van Noort, n'est pas représenté au Louvre. Il ressemble, dit-on, à son élève Jordaens qui peut indirectement nous le faire connaître.

Grande Galerie. — Suite des Jordaens et des Rubens

Jordaens est oublié par la postérité parce qu'il eut le malheur de vivre en même temps que Rubens. Il eut un tout autre tempérament que ses prédécesseurs, les Venius, gens distingués et corrects mais glacés, et qui, en s'affinant, ont trop perdu les qualités d'énergie de leur race sans acquérir la beauté italienne. Jordaens, au contraire, reste homme, et de vigoureuse allure.

Le Louvre le fait mal apprécier : voici cependant une première peinture (*L'Enfance de Jupiter*) qui vaudrait mieux qu'un mot de comparaison avec Rubens. Sans doute la viande y déborde, mais, dans ces grandes chairs qui se tordent il y a plus de puissance que de lourdeur ; les torses sont pesants, déformés par la graisse, mais traités en un dessin d'une largeur et d'une étendue tout italiennes.

Pour la première fois avec Jordaens apparaît en Flandre quelque chose qui par la force et la simplicité rappelle le grand style de la Renaissance. Supposez que nous ignorions Rubens, et Jordaens nous semblerait le représentant complet de l'art de son pays et de son temps. Les milieux l'expliquent tout entier : son œuvre est le résultat du mélange, chez une individualité supérieure, du génie flamand et du génie italien ; sa beauté vient d'Italie ; sa grosse vie bestiale, ses silènes entripaillés, ses monstrueuses frairies traduisent la grossièreté de sa race, et aussi l'ivresse des Flandres, enfin délivrées de l'oppresseur étranger.

Tout ceci, vrai de Jordaens, doit se dire aussi de Rubens, mais en Rubens il y a quelque chose de plus, que ni race ni milieu n'expliquent, et qui est le génie.

Tournez-vous, et pour sentir le contraste, et ce je ne sais quoi d'ailé qui éloigne Rubens de Jordaens, arrêtez-vous un instant devant ce bijou : *La fuite de Loth* gai, heureux, tendrement caressé, éblouissant de lumière délicate.

Thomyris, reine des Scythes, est l'œuvre d'un Rubens moins doucement aimable. Thomyris, après avoir vaincu et tué Cyrus, le conquérant sanguinaire, fait plonger sa tête dans un vase de sang afin de l'en abreuver une dernière fois. Le morceau ne peut se comparer aux grandes pages émouvantes de Munich et de Bruxelles, mais l'idée tragique est somptueusement rendue.

Rubens ne prodigue plus ici les couleurs transparentes comme dans la fuite de Loth; il n'en étincelle pas moins et l'effet qu'il obtient par des moyens plus sobres est aussi plus puissant ; le jaune surtout de la robe de la suivante a des sonorités merveilleuses. Il étale les fourrures, les vases d'or, les robes semées de perles, peut-être pour aviver un de ces contrastes qu'il aime, entre l'opulence de la mise en scène et l'horreur du sujet. Le même contraste oppose hardiment les personnages du tableau : le traban à la barbe flamboyante, le groupe des bourreaux dont l'un s'avance en tendant la tête de Cyrus d'où dégoutte le sang, puis les trois jeunes blondes, Thomyris et ses deux compagnes, penchées l'une sur l'autre avec une grâce languissante. Les bourreaux en sont plus farouches, les trois femmes plus délicates, elles paraissent encore plus affêtées à ce contact de violence et de mort.

Certainement Rubens a vu quelque part ces charmantes créatures, certainement il a peint ici trois portraits. Notez que dans toutes ses toiles vous reconnaîtrez ainsi des personnages ayant un caractère individuel nettement marqué, et toujours ce seront les morceaux les plus beaux, les plus solidement et les mieux peints. Et n'objectez point que de tels portraits viennent à contre-sens, que Thomyris n'était pas flamande et ne suivait pas les modes de la cour de Marie de Médicis; peu importe à Rubens. Que la Thomyris qu'il peint soit belle, et c'est assez ; jamais il n'a vu dans un sujet d'autre intérêt que de donner plus de verve à son imagination.

Des idées dramatiques qui l'inspirent, des souvenirs précis, vus, qui l'empêchent de tomber dans le banal des types et des attitudes, voilà les deux éléments dont Rubens a besoin, et cette nécessité de toujours se reporter à un certain nombre de visions enregistrées en un coin de cerveau est si absolue, qu'au fur et à mesure qu'il avance dans son art, il se constitue un répertoire de physionomies pittoresques et de types auxquels il revient sans cesse puiser.

Aussi chez lui les répétitions abondent. Sans sortir de cette salle, nous en pouvons trouver des exemples. Voyez le *Diogène cherchant un homme*, bien pauvre peinture, il est vrai, et qui probablement n'est pas du maître ; son seul morceau un peu solide, la tête du nègre qui rit en découvrant les dents, se retrouve, trait pour trait, dans une étude de nègres maintenant à Bruxelles (1).

Au fond de la salle, le *Crucifiement* nous offre un exemple plus probant. La Vierge qui se tord les mains en levant les yeux vers le Christ est la même d'expression et d'attitude dans le fameux *Coup de lance* du Musée d'Anvers (2) : tout à l'heure nous ferons de semblables remarques devant le roi africain de *l'Adoration des Mages* et devant nombre de personnages de la Galerie Médicis.

Grande salle de la galerie Médicis

Rubens avait quarante-cinq ans, lorsque Marie de Médicis lui demanda de décorer la grande galerie du Palais du Luxembourg de vingt-deux tableaux représentant les principaux épisodes de sa vie. En deux ans et demi la commande était exécutée.

D'abord placés au Palais du Luxembourg, les tableaux furent ensuite transportés au Louvre et depuis ils y sont restés sans changer de place, jusqu'au jour tout récent, où la direction s'est avisée qu'il était possible de leur rendre leur ancien cadre.

(1) Comparaison avec la photographie.
(2) Comparaison avec la photographie.

Napoléon III avait fait aménager, dans le pavillon actuellement occupé par le Ministère des Colonies, une grande salle de conseil qui, depuis le second Empire, ne servait que comme pièce de débarras. C'est sur elle que le choix des conservateurs du Louvre se porta. — Les tableaux avaient besoin de lumière verticale et la salle était éclairée de côté. Pour remédier à cet inconvénient, face aux fenêtres et distantes d'elles de quelques mètres, on dressa deux cloisons. L'architecte obtenait ainsi deux étroites galeries, qui divisées en petits cabinets reçurent les peintres hollandais, et une grande salle centrale. Il ne restait plus qu'à percer le plafond pour avoir la lumière, puis à enchâsser les tableaux dans les grands cadres d'or qui aujourd'hui les enveloppent et rehaussent leur effet décoratif. — Ces cadres étaient nécessaires, Rubens, qui n'a pas toutes les qualités du peintre décorateur, est trop éclatant pour s'harmoniser directement avec la pierre ou le bois d'un édifice ; entre ses toiles et les murs il faut, comme lien, l'or qui adoucit les heurts et établit les transitions.

Si l'aspect d'ensemble des toiles de la collection Médicis est splendide, si elles constituent une suite décorative de toute beauté, prises isolément elles ne sauraient être comparées aux inspirations profondes de Rubens nées de son imagination et de sa sensibilité, telles la Montée au Calvaire, le Martyr de saint Liévain, la Communion de saint François d'Assise. C'est qu'étouffé par son programme il n'a pu s'abandonner à lui-même, laisser son cœur l'emporter dans les plus magnifiques improvisations.

Aucun sujet ici qui permit l'exaltation subite, le coup d'aile ; bien au contraire, il devait se garder des prodigieuses envolées, borner sa fantaisie, limiter son luxe de vie à ce qu'en peuvent contenir des scènes officielles représentées sous forme d'allégorie ; il était obligé de sacrifier ses habituels moyens d'éloquence pour s'enfermer dans un thème glacial, de rejeter toute soudaine émotion afin que le style de son œuvre restât uniforme.

Songez maintenant, pour admirer davantage, que Rubens s'est plié à ce programme qui devait paralyser son génie, et voyez ce qu'il a fait : Chaque sujet devient une apothéose. Il a peint des pages qui touchent davantage, il n'en a pas de plus royalement nobles. Presque toutes sont sobres de composition, si merveilleusement ordonnées que la plupart d'entre elles, l'*Entrevue d'Elisabeth et d'Anne à Hendaye* en est le meilleur exemple, sont déjà autant d'ensembles décoratifs parfaits et que cependant, réunies, elles se complètent pour former un tout plein d'harmonie (1).

Félicité de la Régence. — Une dernière toile mérite notre attention. Au contraire des autres elle est un peu surchargée, un peu incohérente. Rubens cette fois s'est laissé davantage aller à sa fantaisie. Elle lui a inspiré des morceaux charmants : Parmi eux, la femme qui chancelle sur ses pieds nus en une

---

(1) Le conférencier analysait successivement ici les toiles de la Galerie. J'ai jugé cette analyse trop faite de détails particuliers pour intéresser le lecteur qui, n'ayant point les tableaux sous les yeux, ne peut s'intéresser qu'à des commentaires de nature un peu plus générale.

pose maladroite de baigneuse ; sa chair a des lumières nacrées, des transparences rosées, blondes, et que mêlent d'or les reflets de l'étoffe de brocart dont elle se couvre ; elle en relève un pan pour retenir les fruits débordant de sa conque, et le geste est ravissant à la fois de gaucherie et de grâce. C'est aussi la tête de satyre à demi étranglé, posée dans le coin droit du tableau. Elle n'a de raison d'être qu'un caprice du maître, et qu'il a sur l'heure réalisé. A deux pas encore elle éclate, grimace et vous saute au visage ; plus près, on ne distingue que trois ou quatre énormes traînées de couleurs grumeleuses jetées à tour de bras ; on ne peut comprendre, on reste stupéfié, tant c'est tumultueux, tant c'est violent et tant c'est aisé !

Rubens nous livre là le secret de la vie qui afflue dans ses toiles, même dans celles que l'ennui du sujet devait faire les plus mortes ; il est inspiré, et avec soudaineté, à son esprit la main obéit.

Delacroix qui a beaucoup fréquenté Rubens disait : « Si vous n'êtes pas assez habile pour faire le croquis d'un homme qui se jette par la fenêtre, avant qu'il n'ait touché le sol, jamais vous ne pourrez peindre de grandes machines. » Et Delacroix avait raison, car si la main hésite, si elle s'attarde à chercher comment rendre ce que l'œil a vu, ce que l'esprit a conçu, l'inspiration toujours passagère s'enfuit et ne revient plus ; et tel peintre, encore assez virtuose pour conserver la verve de l'esquisse dans une toile de chevalet, s'essouffle et se refroidit s'il s'attaque à de plus vastes sujets.

Rubens, lui, peignait comme nous pensons, sans

retard de la main sur l'esprit. Cette qualité prodigieuse que seul au monde il a possédée, lui a permis d'improviser avec son pinceau comme un orateur transporté qui ne peut plus suivre ses paroles, de créer d'un seul jet, on dirait dans un accès de fièvre, des œuvres tout aussi fougueuses, tout aussi magnifiques que les visions qui traversaient son cerveau enflammé. (1)

Petits Cabinets. — La Mise en Croix

La Mise en Croix n'est qu'une ébauche, probablement une préparation d'un plus grand tableau, mais la scène est si grave, qu'elle reste inoubliable. Il y a ici quelque chose de plus que le talent du peintre : la force d'une pensée très haute et très sombre.

Rien de plus implacable que l'agonie de ce Christ baigné de lumière livide, sous les nuages qui le surplombent. Rien de plus violent que ces mains, ces pieds crispés, ces jambes qui se tordent et s'arrachent des clous ; le ventre se contracte, la poitrine halète un dernier souffle, la bouche baille pour un dernier cri.

La violence, elle éclate encore effrénée, dans le ciel lourd et blafard, dans les touches blanches, noires, tragiquement posées bord à bord, elle est dans l'ascension de la croix chargée du corps, dans les efforts

(1) Photographies de la *Montée au Calvaire*, du *Martyr de saint Liévain* (Anvers), de *saint Paul sur le chemin de Damas*, de *la bataille des Amazones* (Munich).

des bourreaux qui érigent cette agonie ; les muscles se tendent, les dos se voûtent, les mâchoires se contractent sous l'élan terrible de la brute emportée par la rage du meurtre.

C'est en écoutant cette clameur désespérée qu'il faut juger Rubens.

Nous saluions dans la galerie Médicis le roi des virtuoses, mais peintre splendide, Rubens n'y est que peintre : ici, il s'élève au rang des rares génies, Véronèse, Rembrandt, Michel-Ange, qui ont engendré d'autres mondes supérieurs à celui où nous vivons et qui ont la puissance de nous y entraîner avec eux.

Il n'a pas la splendeur sereine de Véronèse, il ignore la vie mystérieuse qui anime les Rembrandt, car il n'est le peintre ni de la beauté parfaite ni des profondeurs de l'âme, il ne sait pas davantage créer des êtres inconnus comme ceux qui se tordent sous le ciseau de Michel Ange.

Et cependant il a lui aussi créé un monde, c'est celui des passions, de leur tumulte. Il a exprimé l'âme humaine dans ses plus immenses explosions de douleur, dans ses exaltations les plus hautes, il lui est arrivé de s'émouvoir, et il nous émeut avec lui pour des instants de très pure grandeur morale. Cela, et encore ses attendrissements devant des êtres de grâce et de bonté, c'est son domaine.

La sensibilité, cette qualité la plus rare du génie de Rubens, apparaît peu au Louvre. On ne la connaît dans toute sa force qu'après avoir fait le pèlerinage d'Anvers et s'être agenouillé devant le *Saint François d'Assise*.

Et cependant voyez ce *Christ sur la Croix*.(1) Il donne une première impression de vide et d'ennui. Les couleurs sont monotones, décousues ; les quatre personnages, le Christ, la Vierge, la Madeleine et saint Jean, ne remplissent pas la scène. Bien des fois Rubens a traité le même sujet avec plus de puissance mais malgré tout dans cette pauvre toile nous pouvons retrouver les mêmes émotions qu'il a ailleurs plus complètement exprimées (2).

Par leur corps, leur geste, leur visage, la Madeleine et la Vierge portent au pied de la croix des douleurs opposées. La Vierge ne pleure pas, sa douleur profonde, sévère, est sans larmes ; elles coulent à flots, des yeux rougis sur les joues gonflées de Madeleine, en proie à une émotion plus nerveuse, plus violente à la fois et plus passagère. — La douce Madeleine est admirable avec sa tête qui se penche, surchargée d'une trop riche chevelure. Quel charme dans ces beaux bras dont elle fait aux pieds de son Seigneur la plus émouvante couronne. Les mains effleurent à peine la chair et tremblent de la caresse, les bouts des doigts de la main droite seuls se posent, la main gauche soutient le pied et en embrasse le contour. On sent l'émotion du contact, une émotion qui se transmet jusqu'au cœur, la tête s'incline irrésistiblement, la joue vient frôler les pieds déchirés, les lèvres s'entr'ouvrent. Le sentiment est complexe, un peu mystérieux, si fin, si subtil, qu'il émeut bien qu'on

(1) Retour à la salle du Portrait de Charles 1ᵉʳ et à la grande Galerie.

(2) Photographies du *Coup de Lance*, de la *Descente de Croix* d'Anvers, etc.

l'entrevoie à peine, si délicat qu'un rien pourrait le ternir.

Et si cette fleur de la sensibilité de Rubens vous semblait trop profane, si vous le voulez plus grand, plus pénétré de l'infinie solennité de son sujet, élevé au-dessus de tous les sentiments humains, regardez comme la désolation de Madeleine se corrige par la douleur tragique du corps qui pend au-dessus d'elle. Son émotion s'épure, s'ennoblit par celui qui la cause, elle n'est plus la jolie pécheresse parce qu'elle pleure aux pieds du Christ.

Rubens ne traite jamais ses Christs en dieux ; il les soumet à tous les râles et leur inflige tous les pourrissements de la chair. Et pourtant ce cadavre lamentablement amolli par les sueurs de l'agonie, sans nimbe, sans auréole, n'est pas celui d'un supplicié vulgaire. C'est qu'une infinie tristesse morale transfigure les traits du visage figé par la mort ; entouré de désolation, dressé sur son grand crucifix dans le ciel blafard, il apparaît bien comme celui qui a accepté de porter toute la souffrance du monde.

Revenez maintenant à une impression d'ensemble. L'œuvre est complète, elle exprime des sentiments très hauts, très graves, puis elle s'adoucit d'un éclair de sensibilité, d'une tristesse plus humaine qui met un charme au milieu de cette douleur et nous apaise d'un sourire.

L'Adoration des Mages est un tableau de début, première ébauche d'un sujet que Rubens aimait pour son pittoresque et ses contrastes et qu'il a souvent repris depuis. Hors celui-ci, j'en connais trois, à Bruxelles, Malines, Anvers, et je crois qu'il en est d'autres.

Celui du Louvre, le plus simplement composé, est aussi le moins beau ; d'ensemble il est médiocre, sans sonorité ni profondeur. Les têtes ennuient, elles sont banales. Le Saint Jean, dont le buste apparaît derrière la Vierge dans une auréole jaunâtre, effraie de nullité. La robe du mage qui emplit tout le premier plan de droite fatigue l'œil de son rouge faux, elle se boursoufle en rondeurs invraisemblables. Du reste, les étoffes, les chairs, les casques et les plumets des casques, le turban crayeux d'un des rois mages, le brocart jaune d'un autre et la paille de la crèche, tout est de la même matière qui n'est ni du métal, ni de l'étoffe, ni de la chair.

Bref, nous n'aurions ici qu'une œuvre d'écolier et assez vulgaire malgré le beau pittoresque des ensembles et cette verve de mouvement que Rubens garde toujours, sans le groupe adorable de la Vierge et de l'Enfant.

Pour lui, Rubens a réservé ses caresses. La Vierge est jolie, mais jolie de la tête aux pieds, par son geste, par la lumière qui frise autour de ses cheveux et joue sur les mousselines et les draperies légères dont elle est mollement enveloppée. C'est la Vierge juvénile devant qui Rubens s'attendrissait toujours, non plus la Mère du Christ, âgée déjà, couverte de voiles de deuil et se tordant les mains au pied de la Croix, mais la Mère de Jésus, fraîche, naïve, sans plus d'âme qu'il n'en fallait pour le séduire, et dont les traits rayonnent d'un sentiment tout instinctif mais si tendre, la joie émue de la maternité.

Des deux images opposées où Rubens a résumé sa vie, c'est la seconde qu'il préfère et sans cesse il aime à la peindre ainsi, heureuse de couver de ses regards, d'envelopper de ses bras, et surtout de tenir entre ses mains l'Enfant-Dieu.

Voyez-les, ces mains sensitives, si tendres et si vivantes, à rondeurs molles, nerveuses cependant et tout en caresses, elles s'allongent fines sous l'enfant et le soutiennent moelleusement, elles sont exquises et elles émeuvent.

C'est une grande preuve du côté pénétrant de la sensibilité de Rubens, qu'il ait ainsi saisi l'émotion qu'il y a dans les mains. Il les a toujours aimées, souvent il a concentré en elles toute l'expression et la beauté d'un drame.

Ceux d'entre vous qui ont visité le Musée de Bruxelles se rappellent *Le Seigneur foudroyant le Monde*. Le Christ brandit la foudre, la Vierge l'arrête, elle lui montre, elle presse d'une main le sein qui l'a nourri.

Je tenais tout spécialement à vous faire souvenir de cette œuvre, de son côté admirable, la main pure et dont le sang a fui, le geste sublime et que Rubens a fait si chaste, puis à vous rappeler d'autre part ce qu'elle a d'étrangement factice, avant de me demander avec vous de quoi se compose en définitive la très complexe façon de sentir de Rubens ?

Son œil était ouvert à toutes les impressions, il savait saisir au passage et garder le pittoresque des types, des lignes et des gestes qui sont expressifs, noter non seulement les tons, les couleurs et leurs harmonies, mais tout ce qu'on en peut tirer d'effets, soit tendres, soit pathétiques.

Cet immense bagage d'observations, il l'a systématiquement classé, adapté à ses besoins, réduit selon un certain nombre de formules, de manière à toujours pouvoir, quoi qu'il voulût exprimer, puiser dans le répertoire de ses souvenirs. On devine cette simplification des aspects infiniment plus variés de la vie et l'habitude qu'avait Rubens de les interpréter de mémoire, à je ne sais quoi d'uniforme qui perce partout sous la prodigieuse variété des mouvements et des attitudes.

Le procédé est un peu celui d'un orateur toujours prêt à improviser, grâce aux riches collections de phrases et d'idées qu'il garde en un coin de son cerveau et qu'instantanément il approprie au sujet et aux circonstances; Rubens improvisait aussi, et, sans cesse, mettait le trésor des moyens d'expression qu'il avait amassé, au service de son imagination et d'une sensibilité fille de son imagination.

Il ne puise pas ses émotions dans une étude consciencieuse et directe de la vie; il ne se soucie que des grands spectacles, des histoires tragiques, des figures attachantes du passé; un pauvre homme et sa souffrance toute simple ne le touchent point, il lui faut un martyr de saint avec les bourreaux les tortures, et dans le ciel une apothéose; s'il s'attendrit sur une femme qui pleure, ce n'est pas sur une malheureuse dont il a senti les larmes, mais sur la Vierge ou Marie-Madeleine, et quand il peint un supplicié, c'est le Christ.

C'est que sa sensibilité vient de l'imagination plus que du cœur; elle ne se trouble point devant le monde qui existe mais devant celui qu'elle crée.

Jamais Rubens ne s'oublie ni ne sort de lui-même, dans les êtres il ne cherche que des motifs d'émotion personnelle et ne s'arrête qu'aux brillants sujets qui exaltent son esprit ou dilatent son cœur.

Sans doute il transforme le passé en une pièce sublime dont ses héros sont les acteurs, mais justement il ne voit dans les hommes que des acteurs, il fait de beaux drames, mais, de quelque fougue qu'il les anime, ce ne sont que des drames, et leurs personnages, au lieu d'exister par eux-mêmes avec leur nature indépendante de la sienne, ne sont que ses émotions auxquelles il a donné la vie.

Aussi, quelque pathétique et brillant que soit son génie, à de certains jours où l'on cherche dans l'art plus qu'une joie de l'esprit, où l'on veut y trouver une porte ouverte sur la vie, l'œuvre si éloquente de Rubens ne nous suffit plus et nous le quittons pour chercher ailleurs un enseignement plus profond.

Quelquefois il est vrai, sa pensée est grave, mais il ne nous émeut le plus souvent que par une idée dramatique. Il pourrait accroître notre émotion en nous mettant en face d'êtres que nous aurions besoin de pénétrer, qui feraient naître en nous les longues réflexions ; il préfère d'habitude, plutôt que de s'adresser à notre pensée, nous saisir en ébranlant la partie nerveuse de notre sensibilité.

Il sait les harmonies de couleur qui agissent comme la musique et il en joue avec une merveilleuse habileté. Tout ce que les finesses des tons peuvent suggérer de délicat, leur mariage fin de doux, leur heurt brutal de sauvage et d'emporté, tout cela Rubens l'a utilisé. Mais à cet art de virtuose, il a sacrifié le modelé profond du dessinateur. Jamais il ne lui est arrivé de négliger volontairement la couleur, superficiellement sensitive, pour mieux scruter la forme, qui seule peut donner le mystère de l'être parce que seule elle en est intimement partie ; jamais il n'a pétri les bosses d'un crâne qui cependant recouvrent et traduisent la pensée, jamais il n'a fouillé les traits d'un visage, et c'est pourquoi, une seule tête comme celles de Rembrandt, vous n'en trouverez point dans Rubens.

Pour faire œuvre vraiment profonde il lui aurait fallu communiquer un peu plus avec la vie, chercher à pénétrer sa substance intime, se pencher sur des êtres et les interroger. Or, des visages même il n'a le plus souvent senti que le pittoresque extérieur.

Portrait d'Elisabeth de France. Portrait d'une dame de la famille Boonen. Bien plus encore que ses grandes scènes, ses portraits décèlent cette indifférence de l'âme. En voici deux que souvent j'ai dépassés avant de songer à les regarder, tant, dès le premier coup d'œil, ils exhalent la froideur et l'ennui. Le regard ne sait où s'arrêter, il n'est pas plus sollicité par les visages que par les draperies ; on sent, que des modèles Rubens ne s'est nullement soucié et n'a pas plus accordé d'intérêt à leurs traits qu'à n'importe quel détail du tableau.

Son *Elisabeth de France* semble une tapisserie: Ne regardez pas le visage avec ses yeux trop réguliers, sa bouche trop parfaite ; pas une de ses lignes n'est caractéristique, toutes accusent le dédain complet de la ressemblance. Il y a encore plus d'attrait à inventorier la robe de dessous de la princesse et ses dessins d'or, la robe de dessus en satin noir, les manchettes de dentelle, les émeraudes et les perles du collier.

Comparez ces portraits tout en surface à ceux de Van Dyck placés à leurs côtés, voyez comme l'élève a dépassé le maître, combien il est d'une vérité plus vivante. Ici, les visages attirent, nous voulons les connaître : c'est le duc de Richemond et sa chemisette blanche, (1) la beauté muette et triste des ducs de Cumberland, la tête affinée de Jean Grusset Richardot, enfermée dans sa fraise ; tous ont leur personnalité et se ressemblent seulement par cet uniforme cachet de distinction aristocratique que Rubens n'a pu imprimer à son Elisabeth de France, malgré sa couronne de princesse et ses bijoux.

Contemplez la tête de Charles Ier. Elle attache et fait rêver. Une figure de Rubens, ou exprime une émotion active ou est au repos et n'exprime rien. Ici c'est autre chose, c'est un homme qui est devant nous et nous donne son visage comme une énigme à pénétrer. Irrésistiblement il nous séduit et quelque chose en même temps nous dit qu'il est dangereux de se laisser séduire. Sa noblesse, son allure élégante, sa tête exquise quoique hautaine, forcent la sympathie, mais quelque chose de dangereux inquiète dans le regard ; ses traits un peu fatigués, presque trop spirituels, accusent la sécheresse et le contentement de soi-même ; un air de morgue impertinente affirme qu'il se sait roi et dispensé par cela même de toute

(1) Grande Galerie, même panneau que l'*Adoration des Mages*, et salle du portrait de Charles Ier.

reconnaissance ; il se révèle très conscient de son charme, habitué à en user comme d'un instrument de séduction, habile à s'attirer les dévouements mais ingrat, et trop orgueilleux et trop égoïste pour se donner jamais.

Qu'est-ce qui pourrait mieux éclairer une vie qu'un tel portrait ?

Van Dyck, tout simplement, regardait son modèle et ne pensait qu'à le voir. Cela, cette fidélité, ce respect consciencieux du peintre devant la nature, cet acte d'humilité du talent qui se subordonne à la réalité et cherche seulement à l'exprimer, car il sait que jamais son imagination n'atteindra si loin que la vie, cet amour des choses et des êtres pour eux-mêmes qui a fait tous les grands portraitistes, Rubens ne l'a point connu. Il ne voit dans le portrait qu'un prétexte à décoration, le moyen d'exécuter un morceau brillant, mais sans autre intérêt que sa richesse et son élégance.

Ce n'est que lorsqu'il revient à ses grandes composition, qu'il crée des figures impressionnantes de vigueur et de vérité. Il s'attache alors à représenter les passions qui impriment aux traits des expressions intenses et peu complexes.

Mais que ce soit douleur, colère, orgueil, il ne peint que des sentiments en action qui toujours, par la parole seraient aussi complètement exprimés ; il ne sait pas que le peintre peut dire davantage, il ignore l'âme au repos, et pourtant c'est elle avec ses mystères qu'il faut nous donner.

Pour remplir une mission si haute, suffit-il que le génie regarde avec attention et voie de la réalité ce qui nous apparaît ? Ne peut-il pas, ne doit-il pas pénétrer plus avant dans un monde qui nous reste inconnu ?

Retournez devant le bon Samaritain, devant les portraits de Rembrandt que je vous priais de regarder tout à l'heure, ils vous répondront et vous diront, si vous en doutiez encore, que d'autres saisissent des prolongements secrets dans les choses et dépassent les limites où nous nous arrêtons.

Est-ce que sans les visions de Rembrandt, et ici il faut nous souvenir aussi d'un de nos contemporains, est-ce que sans le monde grave que crée Eugène Carrière, nous soupçonnerions quel langage parle la vie à qui sait l'écouter ?

Rappelez-vous les portraits de Carrière et comme ils révèlent tout ce qu'un visage peut contenir de caché ; ses modèles viennent, je pense, s'y contempler comme devant le miroir ou interroger leur âme. Rien autant que ces œuvres divinatrices où nous nous apprenons nous mêmes ne dévoile tout ce qui manque à Rubens.

Ce monde qui existe, non certes en dehors mais presque au-delà de la réalité sensible, Rubens ne l'a pas pressenti. Peintre rapide et facile, il ne s'est pas arrêté à fouiller la vie et jamais ne s'est préoccupé de son mystère. Scruter les êtres avec une attention passionnée, chercher à les pénétrer, et les aimer, est bien au fond une seule et même chose ; il manque à Rubens de n'avoir pas assez aimé.

Pour s'en convaincre, il suffit de regarder ses tableaux de famille. Souvent il a mis dans ses toiles ses deux femmes et ses enfants et jamais n'a vu, de ceux qui cependant devaient être le plus près de son cœur, autre chose que la beauté extérieure, il n'a jamais cherché en eux que de jolis motifs de décoration.

SALON CARRÉ. — PORTRAIT D'HÉLÈNE FOURMENT.

On ne peut rêver vision plus exquise, plus harmonieuse de geste et de ton que le portrait d'Hélène Fourment et de ses enfants.

La jeune femme est charmante d'épanouissement. Elle avait seize ans lorsque Rubens âgé lui-même de cinquante ans, mais plein de gloire et de beauté l'épousa. Certainement il l'aimait avec une joie calme, pour la joie qu'il tirait d'elle. Il a caressé son portrait comme celui d'une jolie chose, d'une très jolie chose qui était sa propriété. Les enfants aussi sont peints avec plaisir, avec toute la facilité de son adorable talent. Mais dans cette toile, si pétillante d'esprit, si imprégnée de grâce, si ravissante qu'elle soit, on ne sent, avec la joie du peintre, que celle d'un propriétaire de jolis bibelots. Le mot n'est pas trop fort, il a peint sa femme, ses enfants, comme des objets délicats et gracieux. Devinerait-on, si on n'était averti, que ce sont là les visages d'êtres chers, et ne croirait-on pas plutôt qu'un jour Rubens a rencontré tout fait, quelque part, un tableau de genre, aimable, qui lui a plu et dont il s'est inspiré ?

De ses toiles de famille, celle-ci cependant est encore la plus expressive. Toutes sont du premier coup ressemblantes, et ne le deviennent pas davantage quand on les a longuement regardées ; nulle part, on n'y rencontre le souci de l'être intérieur, encore bien moins un accent d'affection, d'intimité passionnée. (1)

A lui-même, Rubens ne s'est pas intéressé davantage ; nous aimerions à le connaître autrement que par ses œuvres et par ses actes, mais ses portraits ne nous disent rien que nous ne sachions déjà.

Il n'a pas eu la curiosité de se déchiffrer, de se regarder dans ses propres prunelles, il ne s'est pas comme Rembrandt cherché sous ses traits, et le seul Rubens dont se soucie le geste magnifique de son pinceau, c'est le chevalier Rubens, le personnage public, riche, ami des grands, maître d'une maison somptueuse, successivement aimé de deux femmes adorables, qui enfantait ses chefs-d'œuvre sans douleur et savourait toutes les joies de la vie, dans une gloire sans cesse accrue.

Et c'est de ce dernier Rubens qu'il vous faut, en conclusion, garder mémoire. Pour définir son génie nous avons été forcés d'en chercher les limites, mais dès qu'il s'agit de porter un jugement d'ensemble c'est à ce qu'il y a de grand dans l'homme qu'il convient de revenir ; sans doute un monde où quelques rares esprits ont pénétré a été fermé à Rubens, mais dans son très vaste domaine il est et restera le maître incomparable.

Je crains d'avoir un peu calomnié son cœur. Le Musée de Bruxelles possède, et pour l'honneur de Rubens je veux terminer sur ce souvenir, un portrait qui ne ressemble pas à ceux qu'il peignait d'ordinaire. Le catalogue porte cette seule mention : Portrait de

---

(1) Photographies de la série des portraits de Rubens, Isabelle Brandt, Hélène Fourment (Munich).

Jacqueline de Cordes, femme du seigneur de Cordes. Cette fois quelque chose a troublé le maître toujours si sûr de lui, a bouleversé son talent ; il ne s'est pas entièrement départi de sa manière habituelle, il a comme toujours surchargé sa toile de gemmes, de dentelles, de bouillonnés de satin : mais de tout cet apparat une tête se détache.

L'émotion est poignante et ne s'analyse pas. Ce qu'il y a dans ce visage anémique et souffrant, ce que dit la chair pâle et meurtrie des tempes, le regard qui fixe et reste pourtant absorbé par quelque sentiment tout puissant, on le sent, mais cette fois enfin les mots ne peuvent plus le traduire.

L'œuvre est intense, elle est douloureuse et d'une douleur qui sûrement fut partagée par celui qui l'a peinte.

Nous ne savons rien de plus, mais n'est-ce pas assez ? Rubens n'est pas toujours resté enfermé dans l'égoïsme du bonheur ; il en est plus grand, il est en même temps plus près de nous et nous pouvons l'aimer davantage, puisque, dans sa vie si favorisée du destin, il n'a pas entièrement ignoré la souffrance.

VANNES
IMPRIMERIE LAFOLYE FRÈRES

446

www.ingramcontent.com/pod-product-compliance
Lightning Source LLC
Chambersburg PA
CBHW050027230526
45470CB00003B/1159